NOUVEAU SYSTÈME

DE

FINANCES ET DE CRÉDIT PUBLIC.

NOTA. Les personnes à qui les matières économiques ne sont pas très familières, et qui voudront lire avec plus de fruit cette Notice sur nos Finances, pourront se procurer un Écrit sans nom d'auteur, qui se vend chez M. Nicolle, Libraire, *rue de Seine*, *N°*. 12; intitulé : *des Finances de l'Angleterre, des emprunts et du fonds d'amortissement,* dans lequel le systême anglais est suivi depuis son origine jusqu'à ce jour et se trouve présenté avec tous ses développements et tous ses avantages, lorsqu'on n'en parle ici que très sommairement et comme d'une chose connue et jugée.

Cet ouvrage, intéressant sous tous les rapports, a paru pendant qu'on imprimait celui-ci.

DÉVELOPPEMENT SOMMAIRE

D'UN NOUVEAU SYSTÊME

DE CRÉDIT ET D'AMORTISSEMENT

DE LA DETTE PUBLIQUE, APPLICABLE A LA FRANCE;

OU

CONTRE-ÉPREUVE DU SYSTÊME D'EMPRUNT ET D'AMORTISSEMENT, PRATIQUÉ EN ANGLETERRE;

PAR Mr. C. M. MORIN,

EX-COMMISSAIRE LIQUIDATEUR DES DÉPENSES DE LA GUERRE.

Le mieux n'est pas toujours l'ennemi du bien.

A PARIS,

CHEZ { PETIT, LIBRAIRE, PALAIS-ROYAL, GALERIES DE BOIS, No. 257;
LE NORMANT, ET NICOLLE, LIBRAIRES, RUE DE SEINE, Nos. 8 et 12.

L. G. MICHAUD, IMPRIMEUR DU ROI,

RUE DES BONS-ENFANTS, No. 34.

NOVEMBRE 1815.

OBSERVATION PRÉLIMINAIRE.

J'entendis parler, il y a quelques jours, dans une réunion d'hommes instruits, d'un nouveau système de crédit et d'amortissement de la dette publique, applicable à la France. Défendu par les uns, plus vivement attaqué par les autres, ce système ne me parut pas avoir été bien compris, ni même apprécié à sa juste valeur. J'appris encore par la conversation, qu'il était d'un M. Harel qu'on disait avoir été employé auprès de M. de Calonne. Je pensai devoir, dans l'intérêt de la science, aller puiser à la source les renseignements qui me manquaient, et conférer avec l'auteur. C'est le résultat de ces conférences que je donne par écrit. La conception du système appartient donc à M. Harel; et si je me suis occupé de suite de son développement et de sa rédaction, c'est que, très empressé d'éloigner de moi le souvenir de fonctions pénibles que j'ai remplies temporairement depuis la restauration, avec plus de dévouement que de bonheur, j'ai saisi avec avidité la première occasion de reporter ma pensée sur les matières administratives et économiques (1), qui furent, avec notre législation, mon étude habituelle : sujet digne des méditations les plus graves, et où la discussion peut laisser quelquefois de la dissidence dans les opinions, mais jamais de l'aigreur ni du ressentiment entre ceux qui en font la noble et utile occupation de leur vie.

---

(1) J'ai écrit, il y a près de quinze ans, un ouvrage intitulé : *Théorie de l'administration militaire*, seul Traité élémentaire dans cette partie ; un volume in-8°. A Paris, chez Magimel, libraire, rue Dauphine.

DÉVELOPPEMENT SOMMAIRE

D'un nouveau Système de Crédit et d'Amortissement de la Dette publique, applicable à la France,

OU

Contre-épreuve du Système d'Emprunt et d'Amortissement, pratiqué en Angleterre.

Le système pratiqué en Angleterre, relativement aux emprunts et à leur amortissement, est en général bien connu aujourd'hui ; cependant je vais en rappeler les bases, et en retracer avec rapidité les opérations et le mécanisme.

Avant tout, je dirai que ce système, si simple, d'une conception si nette, d'une exécution si facile, a eu, comme toutes les choses utiles, bien de la peine à s'élever. L'on sait que le premier qui en conçut l'idée est le célèbre chancelier de l'échiquier WALPOLE ; mais ses essais furent lents et timides ; il créa réellement une caisse d'amortissement, mais souvent il en détourna les fonds. L'on reconnaît, au reste, par la suite de ses opérations, qu'il n'avait pas calculé toute l'importance d'un pareil établissement, ni les effets prodigieux, et en quelque sorte magiques, qu'il devait produire avec le temps.

Les choses restèrent dans cette situation jusqu'au moment où le docteur PRICE appela, dans quelques uns de ses écrits, l'attention de tous les hommes d'état sur les avantages immenses qu'on pouvait retirer de la création du fonds d'amortissement. Ses démonstrations furent si lumineuses et si précises, qu'elles frappèrent l'imagination d'un ministre, jeune alors, mais qui devait donner à l'Angleterre un de ses plus grands administrateurs, M. PITT. C'est de son administration seulement que date l'époque où le crédit public a reçu son développement entier, et où le système de l'emprunt, appuyé sur celui de l'amortissement, a produit ses effets les plus étendus.

Quel est donc ce système si recommandable? La chose du monde la plus simple; et la voici expliquée en peu de mots.

L'Angleterre a-t-elle besoin de 600 millions, on le suppose, et progressivement de sommes plus considérables? Comme son crédit est puissamment établi, elle ouvre un emprunt; sur-le-champ il est rempli. A l'instant même, elle augmente l'impôt sur le peuple de 36 millions, ce qui représente 6 pour 100 des 600 millions empruntés : 5 pour 100 de cet impôt, c'est-à-dire 30 millions, sont affectés au paiement de l'intérêt de l'emprunt, et 1 pour 100, c'est-à-dire 6 millions sont versés chaque année dans une caisse d'amortissement qui, les employant à intérêts composés, en achats de rentes, ressaisit en trente-sept ans la totalité des 30 millions de rentes; ou, ce qui revient au même, amortit en trente-sept ans le capital des 600 millions, primitivement emprunté.

Ainsi, au bout de trente-sept ans, l'opération se trouvant consommée, il est évident que l'état est dégrevé de la rente constituée de 30 millions qu'il était tenu de payer aux porteurs de l'emprunt : voilà son seul et unique avantage. Toutefois, il peut arriver, et cela a eu lieu (ce qui est un inconvénient très grave), que le peuple ne soit pas néanmoins dégrevé de l'imposition qu'il supporte à cet égard.

Telle est la base sur laquelle repose en Angleterre toute cette vaste machine d'emprunt, d'amortissement et de crédit public, qui, entre les mains de ses ministres, est devenue le puissant levier à l'aide duquel on l'a vu soulever et soutenir, en grande partie, le poids de toutes les armées de l'Europe et l'immensité de ses propres dépenses.

Voyons, en faisant un retour sur notre situation, comment, un système pareil ne pouvant être établi en France, on le remplacera par un équivalent, ou même par un système plus fort et plus fructueux : ce qui sera la contre-épreuve du système anglais, opérée d'une manière supérieure et tout-à-fait honorable.

Il est bien évident que la France a de grands besoins, et qu'ils sont d'une urgence extrême ; il est bien évident qu'il faut qu'elle s'impose un système pour se créer des capitaux ; système qui, en rappelant une certaine abondance dans le trésor public, rassure par des résultats heureux et prompts, les capitalistes inquiets, les créanciers alarmés, l'agriculture ruinée et désolée, et porte enfin une nouvelle vie dans toutes les branches de l'économie politique.

Mais la France n'a point de crédit public; on ne peut donc pas emprunter : le trésor a cependant besoin d'un secours, nous le porterons provisoirement à 600 millions. Eh bien, au lieu d'un capital pareil emprunté, comme cela aurait lieu en Angleterre, on aura des bons de contribution pour 600 millions; ces bons seront mis en émission par douzième chaque mois : voilà le capital trouvé.

Comment, ensuite, en assurera-t-on le remboursement, et quels moyens emploiera-t-on pour en empêcher la dépréciation? ou bien, en rendant ma pensée en d'autres termes, comment appellera-t-on sur ce capital la confiance publique, et comment en consolidera-t-on le crédit?

Le remboursement de ce capital aura lieu au bout de vingt ans; et pour le rendre certain et numérique, les bons de contribution seront soumis à une perte d'un centime deux cinquièmes par jour, ou de 5 pour 100 par an, ce qui donnera sur les 600 millions, 30 millions de bénéfice à l'état chaque année. Ces 30 millions seront versés dans une caisse particulière dont nous parlerons tout à l'heure. L'on conçoit déjà que, chaque année, les bons de contribution prendront de la consistance et du crédit, puisque, chaque année, on capitalisera un vingtième de leur valeur; en telle sorte qu'au bout de cinq ans, on aura réalisé 150 millions sur 600 millions; au bout de dix ans 300 millions, au bout de quinze ans 450 millions, et au bout des vingt années, le capital entier.

Cette perte de 5 pour 100, que les bons essuyeront chaque année, dans la circulation, et qui produit, comme nous l'avons dit, 30 millions par an, représente les 36 millions que l'Angleterre, en pareille hypothèse, impose sur le peuple pour servir l'intérêt de l'emprunt et son fonds d'amortissement. Et, dans notre système, le peuple français ne perdant, comme on doit se le rappeler, que 30 millions par l'effet de la circulation, est frappé, comparativement au peuple anglais, d'un sixième de moins : PREMIER AVANTAGE OU RÉSULTAT qui mérite bien d'être mis en ligne de compte.

Mais, dira-t-on, comment faire adopter l'idée d'un papier perdant? Je crois pouvoir affirmer que, tout bien calculé, il est plus aisé de porter la charge d'une rétribution quelconque par le mode de bons dont la perte, presqu'insensible et qu'on ne supporte même que lorsqu'on le peut, se trouve limitée d'une manière invariable, que par le mode d'un impôt qui pèse toute l'année sur le contribuable et dans toute son intégrité, au moins relative. Je reviendrai sur cette observation ; je me contente de dire à présent, qu'étant placés sous la loi de la nécessité, nous devons, sans être retenus par une funeste manie d'argumenter, courir avec empressement aux résultats.

J'ai démontré que le remboursement des bons est bien assuré au bout des vingt années, puisque, pendant cet intervalle, on capitalise annuellement un vingtième de leur valeur : après cela, voyons comment, dans le cours de ces mêmes vingt années, et sur-tout pendant les trois ou quatre premières, on empêchera leur dépréciation; c'est-à-dire, comment on limitera leur perte au taux primitivement fixé, en assurant d'une part leur emploi, et de l'autre en fondant leur crédit, si même, on ne leur procure par ce moyen une bonification.

Les bons de contribution seront reçus dans toutes les caisses publiques, pour moitié des sommes que les contribuables auront à payer à raison de l'impôt ou de toute autre nature de dettes : ainsi le particulier qui aura à verser au trésor et aux caisses qui en dépendent, une somme quelconque, sera tenu d'en réaliser la moitié en bons de contribution. D'un autre côté, le cours de ces mêmes bons sera forcé pour un cinquième, dans les paiements résultant de toutes les transactions sociales.

Craindrait-on, maintenant, que les 600 millions de bons, dont la moitié trouve un emploi dans les caisses publiques, pesassent trop dans la circulation, lorsque l'autre moitié suffirait à peine au service obligé du cinquième dans les payements entre particuliers; cela paraît impossible. Cependant, pour dissiper jusqu'à cette dernière inquiétude, l'administration chargée de la direction générale de l'opération, sera autorisée à échanger contre écus, à 1 pour 100 de perte de leur valeur primitive, tous les bons qui lui seraient présentés. Cette perte est forte, sans doute, mais elle éloignera les mal-intentionnés, et c'est le but essentiel qu'on a voulu atteindre.

L'argent nécessaire à cet échange ne manquera jamais, parce que le trésor, effectuant tous ses paiements en bons, et ne recevant que la moitié des impositions en valeur de cette nature, percevra en numéraire les 300 autres millions, solde des contributions publiques. Or, comme il n'est pas besoin de 300 millions en argent pour suffire à l'échange de la même quantité de bons, surtout si l'on veut bien se rappeler que, dans notre hypothèse, la totalité ou la presque totalité de ces mêmes bons officiera journellement dans les paiements entre particuliers, il est bien démontré que le gouvernement conservera presque intégralement, la libre disposition de ces 300 millions réalisés en écus. Eh, certes! ce que le gouvernement aura de mieux à faire, sera de les employer chaque année, jusqu'à due concurrence et jusqu'à extinction des 600 millions de bons, à l'acquittement de la contribution de guerre : ce qui, pour le dire en passant, lèvera sans peine, sans efforts, sans garnisaires et presque sans surcharge, la plus grande difficulté de la position actuelle, notre libération envers les étrangers.

Que fera-t-on ensuite des 30 millions qui seront versés annuellement dans une caisse particulière, pour servir, au bout des vingt années, au retrait de tous les bons de contribution? C'est ici que le système commence à devenir d'une richesse immense, d'un secours et d'un produit bien précieux.

On prêtera ces fonds à l'agriculture et à la propriété par première hypothèque ou par contrat à réméré, sans frais, à raison de 4 pour 100 par an. La première année, l'agriculture et la propriété jouiront de 30 millions; la seconde de 60; la troisième de 90; la quatrième de 120, ainsi de suite : au bout des vingt ans elles auront employé en améliorations, réparations et créations, les 600 millions, produit du vingtième que le gouvernement réalise successivement pendant cet intervalle. Le mode de cette réalisation, dont nous n'avons pas parlé, s'opérera à l'administration publique et par elle, en reportant au moyen d'un estampillage, chaque année expirée, les bons de contribution à leur valeur primitive.

Voilà donc le capital destiné au rachat des bons tout formé, après avoir néanmoins enrichi, pendant un long espace de temps, l'agriculture, la propriété et par suite toutes les branches de l'industrie : SECOND RÉSULTAT inappréciable, qui fera bénir la sollicitude bienveillante et paternelle du gouvernement.

Nous venons d'avancer qu'on prêtera à l'agriculture et à la propriété, les 600 millions à raison de 30 millions par an, sur le pied de 4 pour 100 d'intérêt, ce qui produira, la première année, 1,200,000 fr. ; la deuxième, 2,400,000 fr.; la troisième, 3,600,000 fr., et ainsi de suite progressivement : il faut ajouter que ces produits d'intérêts, versés chaque année dans la caisse d'amortissement, seront convertis en achats de rentes. Au bout de vingt ans, premier terme fixé à l'opération, tous ces produits cumulés donneront un total de 38 millions de rentes environ, à raison de 60 pour 100 : TROISIÈME RÉSULTAT tout aussi avantageux que le second, puisqu'il servira à dégrever, dans la même proportion, la dette publique.

L'on conçoit bien, maintenant, que les 600 millions de bons de contribution étant appuyés à cette époque, c'est-à-dire au bout desdites vingt années, d'une part, sur un capital égal à leur valeur, réalisé en obligations territoriales, et d'autre part, sur 38 millions de rentes environ, montant de l'intérêt des sommes prêtées à l'agriculture et à la propriété, c'est-à-dire sur un second capital de 760 millions environ ; l'on conçoit bien, dis-je, que les bons de contribution auront un crédit tel qu'ils seront préférés à l'argent. Dès-lors on peut continuer l'opération avec un plein succès encore quelques années ; et, si nous reculons seulement le terme de dix ans, nous aurons, au bout de trente ans, un capital de 900 millions en valeurs territoriales, et en porte-feuille 120 millions de rentes environ, produit des prêts faits et continués jusqu'à cette époque à l'agriculture et à la propriété.

Ainsi, d'une part, après avoir retiré les 600 millions de bons de contribution, l'état pourra encore disposer d'un capital de 300 millions ; et, d'autre part, il aura réellement à lui 120 millions de rentes, avec lesquels il pourra effectuer alors l'extinction totale de la dette publique. Mais, cette dette n'étant aujourd'hui que de 60 millions environ, l'état trouvera encore dans l'application du système, la faculté de créer 60 autres millions de rentes pour la liquidation de l'arriéré actuel, avec la certitude de racheter graduellement toutes ces rentes tant anciennes que nouvelles et d'en éteindre ainsi le capital au bout du même terme de trente années. L'on peut consulter pour se convaincre de l'exactitude des calculs, le tableau placé à la suite de ce Mémoire.

Avant d'aller plus loin, l'on ne doit pas laisser ignorer que cette opération donnera une nouvelle source de produits qui pourraient s'élever annuellement au même taux que l'intérêt des prêts faits à l'agriculture. Dans le cas où ce système ne serait pas agréé, il deviendrait inutile sans doute de pousser plus loin les explications à cet égard; s'il devait l'être, l'emploi de ce nouveau produit ne pourrait se faire d'une manière plus noble et plus avantageuse, qu'en l'affectant d'abord à l'indemnité à laquelle les émigrés dont les biens ont été vendus, ont un droit sacré, ce qui tranquilliserait d'autant plus les nouveaux acquéreurs; ensuite à continuer tous les travaux d'utilité publique et d'embellissement, et à procurer des secours et des pensions à des milliers d'individus que la mauvaise fortune accable ou poursuit; enfin à accroître les capitaux de la Banque de France, à étendre ses attributions déjà si utiles et à lui donner un nouveau lustre, en l'appelant à rendre de nouveaux et de plus importants services.

Où trouver un sytême plus simple, plus utile et plus fécond en même-temps? Celui-ci l'est à un tel point qu'il éteindra, au bout de vingt années, non seulement la dette, et la charge qui pesait relativement à elle sur le peuple, mais qu'il créera encore, dans le même laps de temps, deux capitaux plus considérables que cette dette; lorsqu'au contraire, par l'effet du systême anglais l'on ne parvient, à force de soins et de constance, qu'à rétablir, au bout de trente-sept ans, l'équilibre, en amortissant une dette créée et en laissant, presque toujours, sur le peuple la surcharge de l'impôt que l'emprunt avait nécessité: QUATRIÈME DIFFÉRENCE OU RÉSULTAT entièrement en faveur de notre systême; résultat, peut-être plus précieux que les autres, puisqu'il donne, par dessus tout, une économie de dix-sept années ou de près de la moitié du temps employé par l'Angleterre. C'est donc bien le cas, ou jamais, de s'écrier que LE MIEUX N'EST PAS TOUJOURS L'ENNEMI DU BIEN.

Je n'entrerai pas dans les détails d'exécution; ils seraient longs et minutieux à développer, et, au premier aperçu, compliqués sous beaucoup de rapports. Ce n'est là, au reste, que la partie matérielle du système que l'habitude rend facile à combiner et à établir, et dont l'exposition lasserait peut-être l'attention de quelques-uns de mes lecteurs. Je parlerai cependant des ressorts principaux qu'il sera nécessaire de mettre en action.

Ainsi, il faudra créer :

1°. Une direction générale chargée de la formation, de la délivrance et de la comptabilité des bons avec le trésor; c'est encore cette administration qui mettra à la disposition de la caisse d'agriculture le fonds de 30 millions qui lui sera affecté chaque année; enfin elle échangera contre écus, à un pour 100 de perte de leur valeur primitive, les bons de contribution qui lui seront présentés.

2°. Une caisse d'agriculture qui prêtera aux propriétaires, d'après des régles fixes, le capital qui leur est destiné, et qui fera le recouvrement des intérêts des sommes prêtées à raison de 4 pour 100; elle versera le montant de ces intérêts dans la caisse d'amortissement.

3°. Une caisse d'amortissement; on connaît ses devoirs et sa destination.

Ces trois établissements seront sous la direction immédiate du ministre des finances; ils seront encore inspectés et surveillés par une commission de plusieurs membres de la chambre des représentants et de celle des pairs.

Faudrait-il maintenant s'occuper de la réfutation des mille et une objections que l'on peut élever contre ce système?

La première et la plus forte sera d'assimiler les bons de contribution aux différents papiers-monnaie créés dans le cours de la révolution. Que répondre à cela? Qu'il n'y a rien de commun entre les uns et les autres. C'est surtout entre les époques qu'il existe une différence tranchante. Tout était, dans ces temps, prestige, imprévoyance, désordre, confusion; aujourd'hui, nous sommes appelés, par la gravité des circonstances, à être mesurés, sages, prévoyants et calculateurs. Les capitaux sont anéantis en grande partie, ceux qui restent sont enfouis. De long-temps, rien ne pourrait faire rentrer dans la circulation, par son mouvement naturel, un numéraire abondant; il faut donc un signe fictif et de convention. Si le peuple français n'avait pas le jugement d'en sentir la nécessité urgente, et la force de l'appuyer de toute sa bonne volonté, il ajouterait une cause de plus et peut-être la plus efficace, à sa ruine prochaine et totale. Au reste, que veulent les peuples? Ils veulent être heureux; et ce n'est que d'un gouvernement ferme et éclairé qu'ils peuvent attendre et recevoir les moyens d'arriver à un état durable de prospérité.

Rappellerai-je comme seconde objection, celle à laquelle j'ai déjà répondu, résultant de l'idée fausse que l'on se formerait d'un papier perdant?

Mais je l'ai dit et je le répète : cette perte, contenue dans sa limite primitive et considérée relativement au peuple en masse, sera moins onéreuse que toute imposition d'une autre nature : considérée relativement aux individus, cette perte, fût-elle aussi réelle qu'elle est apparente, se réduira par le mouvement de la circulation, à presque rien. Eh!

combien ne serait-elle pas plus légère à supporter de la part des salariés, quels qu'ils soient, que la réduction déjà opérée sur les traitements ! Il y a mieux : c'est que, lors de l'application de notre système, le gouvernement éprouvera la douce satisfaction de pouvoir renoncer, en commençant par ce qui le concerne, à ces sacrifices, à ces retenues qui, imposant de grandes privations à des masses de citoyens et tout en augmentant leur état de gêne, ne procurent en fin de compte, aucun avantage au trésor, parce qu'il perd sur les produits de toute espèce, ce qu'on avait cru réaliser par une économie faussement appliquée.

Suivons l'effet de nos bons dans la circulation : chacun s'empressera d'en faire emploi, lorsqu'il lui en tombera dans les mains. Ainsi, tous ceux qui en seront porteurs se hâteront de payer à leurs fournisseurs particuliers ce qu'ils devront pour les besoins journaliers de la vie ; ceux-ci de leur côté, payeront, de la même manière, leurs fournisseurs généraux ; de là une activité sans égale dans la transmission de ces bons, qui les décuplera en quelque sorte et qui sans doute les fera monter ou les tiendra au moins à leur valeur primitive. De là encore multiplication infaillible dans les consommations, dans les travaux, dans les mains-d'œuvre, dans les transactions et dans les reproductions de toute espèce : nier ces vérités, serait se refuser à l'évidence. J'ajouterai une dernière observation bien essentielle : c'est que, parmi tous les capitalistes atteints par ce système, on remarquera de plus que les personnes avares, que les riches trop intéressés seront appelés, par la nature même de ce papier, à se refuser la jouissance si douce pour eux, mais si nuisible à la société, de se livrer à une usure trop raffinée ou à une thésaurisation qui, dans la circonstance, leur deviendrait onéreuse.

Je vais encore au-devant de cette troisième objection qu'on m'a faite : « La circulation des bons perdants jetterait » toutes les comptabilités dans une confusion inextricable; » d'un autre côté, elle rendrait les réglements de comptes et » les paiements entre particuliers très difficiles. » Je réponds que, lors de la première création des assignats en 1790, l'on émit des bons gagnants avec leurs coupons. Si les comptabilités et les paiements ont pu se faire alors avec des papiers de cette espèce, pourquoi ne se feraient-ils pas aujourd'hui avec des bons perdants? Il n'est pas plus extraordinaire de compter une différence en-dehors que de la compter en-dedans. Ce sont-là seulement les appréhensions et les calculs de la timidité et d'une mollesse d'opinion qu'un rien dérange, effraye ou décourage; et je craindrais, en vérité, de paraître leur donner trop d'importance, si j'en faisais l'objet d'une réfutation plus étendue. D'ailleurs, l'inspection seule d'un modèle de bons, placé à la fin de cet ouvrage, justifie ce que j'avance.

Jusqu'à présent j'ai abordé avec une grande franchise les objections qui paraissaient naître de mon sujet; voudra-t-on me permettre de proposer, à mon tour, une seule difficulté, un seul problême à résoudre? Si vous repoussez avec persévérance, dirai-je à mes adversaires, le système que je présente, que mettrez-vous à la place? Vous n'avez rien. De quelque côté et sous quelque rapport que j'envisage notre position et les ressources dernières qu'elle laisse, je ne vois, hors de la sphère où je me suis placé, aucun élément créateur. On serait donc réduit à la triste nécessité de recourir à de nouveaux emprunts forcés, de multiplier sous toutes les formes les contributions, de surcharger outre mesure le grand-livre, de consommer le peu de propriétés nationales qui nous restent; enfin l'on arriverait à s'emparer du dernier écu en circulation. Trop heureux si nous échappions à l'*income-tax* (1)! importation malheureuse que nous ferions de l'Angleterre, à qui nous n'aurions su emprunter que ce qu'elle a de plus défectueux dans son système. Que deviendraient alors l'industrie, le commerce et l'agriculture? Plus de circulation pour la première, plus de capitaux ni de secours pour tous : la propriété elle-même, déjà attaquée par mille désastres, perdrait d'une manière progressive et effrayante sa valeur; et la ruine absolue des uns hâtant celle des autres, la France en proie à toutes les misères, ne présenterait bientôt plus que l'ombre d'elle-même.

Me resterait-il encore quelques préventions à détruire ou quelques objections à combattre? Ces dernières ne porteraient plus que sur des objets particuliers, et je crois très inutile de les entasser ici et d'y répondre : il sera temps de le faire lorsque le plan détaillé de cette nouvelle institution financière et administrative sera livré au public et discuté sous les différents points de vue qu'il offrira.

Cependant, je ne quitterai pas une matière d'un intérêt

(1) *L'income-tax* est un impôt d'un dixième perçu en Angleterre sur les revenus fixes et sur ceux évalués approximativement.

si majeur, sans m'arrêter un moment sur une considération de l'ordre le plus relevé, et à laquelle se trouvent liés l'application et le succès du système : TOUT PLAN DE FINANCES, QUEL QU'IL SOIT, NÉCESSITE POUR SA MARCHE UN ESPRIT DE SUITE ET D'ORDRE DANS LES GOUVERNEMENTS, DE LA PERSÉVÉRANCE ET DE LA PROBITÉ ADMINISTRATIVE DANS LES MINISTÈRES. Notre système est soumis à la loi commune; et, s'il doit prêter un grand appui à l'état, c'est seulement aussi de la protection qu'il recevra de l'état, c'est-à-dire de l'assentiment des chambres, de la fixité de puissance que le gouvernement prendra et d'une résolution vigoureusement conçue et religieusement exécutée de la part de l'administration publique, qu'il pourra tirer sa force relative ; force nécessaire, indispensable même à la production des avantages et des richesses dont les germes existants ne demandent qu'à être fécondés.

En somme, les développements généraux dans lesquels je viens d'entrer, suffiront pour donner une idée exacte du système et de sa vaste application aux finances des états. Puisse la France s'en emparer la première ! plus qu'aucune autre puissance elle peut en retirer des avantages incalculables, parce qu'elle se place au premier rang entre les nations par la richesse de son territoire : et il est bien évident pour tout observateur réfléchi, que LE POINT D'APPUI IMMUABLE ET LE PLUS FORT DU SYSTÊME SE TROUVE DANS LE TERRITOIRE.

Sans doute, cet écrit pensé avec quelque maturité, mais rédigé à la hâte, ne présente que d'une manière succincte, les différentes faces du système qu'il fait connaître; c'en est assez, cependant, pour attirer sur lui l'attention de tous les administrateurs, de tous les hommes d'état et des amis éclairés de la patrie. Qu'il se forme, d'un autre côté, une association de capitalistes dévoués que l'on pourra, à juste titre, appeler aussi les amis du bien public; qu'ils secondent de leurs moyens le gouvernement, et les premières difficultés que doit rencontrer une innovation de cette nature, seront bientôt vaincues.

En dernière analyse, ce système, libre dans sa marche et trouvant en lui seul sa puissance productive, ne forme obstacle à aucune des combinaisons qui peuvent procurer de nouveaux capitaux à l'état. De plus, il laisse au trésor toutes ses ressources, telles que les coupes de bois, les émissions de rentes, les impôts, le domaine extraordinaire; et ce n'est pas là le moindre de ses résultats. C'est même le complément de tous les autres, puisque l'administration publique, en se saisissant d'abord des 600 millions mis à sa disposition, et s'appuyant ensuite sur le crédit et sur les deux capitaux d'une valeur au moins égale que lui assure le système, ne perd aucun des avantages qu'elle peut tirer encore du temps, des circonstances et de l'indépendance absolue qu'elle conserve, pour développer chacun de ses moyens particuliers et l'ensemble de ses forces vitales.

VIe. SÉRIE.

PERTE GRADUELLE.

1 jour. . . .	1 c. $\frac{2}{5}$
5 jours. . .	7
15 jours. . .	21
30 jours. . .	42

VALEUR RELATIVE.

31 janvier. . .	99 f.	58 c.
28 février. . .	99	20
31 mars. . . .	98	77
30 avril. . . .	98	35
31 mai.	97	93
30 juin.	97	52
31 juillet. . . .	97	10
31 août.	96	67
30 septembre.	96	25
31 octobre. . .	95	83
30 novembre.	95	42
31 décembre.	95	»

TRÉSOR PUBLIC.

LOI DU..... NOVEMBRE 1815.

No. UN. No. 1.

BON DE CONTRIBUTION, CIRCULANT,

DE 100 FRANCS.

Bon pour CENT FRANCS, qu'on recevra en paiement de moitie des contributions et de toutes autres créances dues au gouvernement, et qu'on ne pourra refuser dans les paiements particuliers pour un cinquième desdits paiements.

A dater du. . . . . ce Bon perd sur sa valeur 1 centime 2 centièmes par jour, ou 5 pour 100 par an.

Chaque année révolue, l'administration publique redonne à ce Bon, par l'estampillage, sa valeur primitive.

Ce Bon sera remboursé au porteur dans la vingt-unième année de sa date, par la capitalisation des 5 pour 100 prêtés à l'agriculture et reproduits chaque année par l'estampillage.

Il sera payable en argent, à la volonté des porteurs, tous les 5, 10, 15, 20, 25 et dernier de chaque mois, moins 1 pour 100 de sa valeur primitive.

Paris, le novembre 1815.

REVERS DU BON.

N. B. Chaque année révolue, le Porteur doit faire estampiller le Bon, faute de quoi il continuerait à perdre cinq francs sur sa valeur primitive.

ESTAMPILLES.

Nota. Le Porteur qui viendrait à rencontrer deux mêmes numéros, ou un plus élevé que le dernier de la série, recevra la récompense de. . . . . en le faisant connaître.

TABLEAU SERVANT A PROUVER,

1°. Comment, au moyen des 30 millions que les Bons perdent à la circulation chaque année, lesquels 30 millions sont capitalisés pendant vingt ans par les prêts faits successivement à l'agriculture, le gouvernement acquiert un capital de 600 millions avec lesquels il opère, au bout desdites vingt années, le retrait des 600 millions de Bons;

2°. Comment, avec le produit de ces 30 millions prêtés annuellement à l'agriculture et placés pendant vingt ans, à intérêts composés, en achat de rentes, le gouvernement réalise encore 37,733,310 fr. de rentes, lesquelles donnent, à 60 pour 100, un capital de 754,666,395 fr.;

3°. Comment, en prolongeant pendant dix ans de plus cette opération, les fonds capitalisés s'élèvent à 900 millions; ce qui laisse en toute propriété au gouvernement, après l'acquittement des 600 millions de Bons, un capital libre de 300 millions, plus 120,581,960 fr. de rentes, représentant, à 60 pour 100, 2,411,539,466 fr., capital plus que suffisant pour éteindre la dette publique.

NOMBRE DES ANNÉES.	DATES.	DÉSIGNATION DES ANNÉES.	CAPITAL PRÊTÉ TOUS LES ANS à L'Agriculture.	INTÉRÊT DU CAPITAL Prêté à 4 pour 100 à L'Agriculture.	INTÉRÊTS DES PRÊTS A l'agriculture, Joints au produit des rentes à 5 pour 100.	RENTES ACQUISES.	CAPITAL DES RENTES ACQUISES, A 60 POUR 100.
		A	B	C	D	E	F
	1	Janvier 1816	30,000,000	» » »	» » »	» »	» » »
1	1	Janvier 1817	60,000,000	1,200,000	1,200,000	100,000	2,000,000
2	1	Janvier 1818	90,000,000	2,400,000	2,500,000	208,333	4,166,666
3	1	Janvier 1819	120,000,000	3,600,000	3,908,333	325,694	6,513,888
4	1	Janvier 1820	150,000,000	4,800,000	5,434,027	452,825	9,056,711
5	1	Janvier 1821	180,000,000	6,000,000	7,086,8[illegible]2	590,571	11,811,436
6	1	Janvier 1822	210,000,000	7,200,000	8,877,433	739,786	14,795,721
7	1	Janvier 1823	240,000,000	8,400,000	10,317,221	901,434	18,028,698
8	1	Janvier 1824	270,000,000	9,600,000	12,918,653	1,076,554	21,531,088
9	1	Janvier 1825	300,000,000	10,800,000	15,195,207	1,266,267	25,325,345
10	1	Janvier 1826	330,000,000	12,000,000	17,661,474	1,471,789	29,435,790
11	1	Janvier 1827	360,000,000	13,200,000	20,333,263	1,694,438	33,888,771
12	1	Janvier 1828	390,000,000	14,400,000	23,227,701	1,935,641	38,712,835
13	1	Janvier 1829	420,000,000	15,600,000	26,363,3[illegible]2	2,196,945	43,938,903
14	1	Janvier 1830	450,000,000	16,800,000	29,760,287	2,480,023	49,600,478
15	1	Janvier 1831	480,000,000	18,000,000	33,440,380	2,786,692	55,833,850
16	1	Janvier 1832	510,000,000	19,200,000	37,427,002	3,118,916	62,378,336
17	1	Janvier 1833	540,000,000	20,400,000	41,745,918	3,478,826	69,576,530
18	1	Janvier 1834	570,000,000	21,600,000	46,424,744	3,868,728	77,374,573
19	1	Janvier 1835	600,000,000	22,800,000	51,493,472	4,291,122	85,822,453
20	1	Janvier 1836	Fin des prêts.	24,000,000	56,984,594	4,748,716	94,974,323
PROLONGATION DE L'OPÉRATION JUSQU'A LA TRENTIÈME ANNÉE, INCLUSIVEMENT.					452,799,843	37,733,310	754,666,395
21	1	Janvier 1837	630,000,000	25,200,000	62,933,310	5,244,442	104,888,850
22	1	Janvier 1838	660,000,000	26,400,000	69,377,752	5,781,479	115,629,586
23	1	Janvier 1839	690,000,000	27,600,000	76,359,231	6,363,269	127,265,385
24	1	Janvier 1840	720,000,000	28,800,000	83,922,500	6,993,541	139,870,833
25	1	Janvier 1841	750,000,000	30,000,000	92,116,041	7,676,336	153,526,735
26	1	Janvier 1842	780,000,000	31,200,000	100,992,377	8,416,031	168,320,628
27	1	Janvier 1843	810,000,000	32,400,000	110,608,408	9,217,367	184,347,346
28	1	Janvier 1844	840,000,000	33,600,000	121,025,775	10,085,481	201,709,627
29	1	Janvier 1845	870,000,000	34,800,000	132,311,256	11,025,938	220,518,760
30	1	Janvier 1846	900,000,000	36,000,000	144,537,194	12,044,766	240,895,323
					1,446,983,687	120,581,960	2,411,639,466

INDICATION

POUR FACILITER LE CALCUL DU TABLEAU.

Pour se rendre compte de ce que produisent d'intérêts chaque 30 millions prêtés tous les ans à l'agriculture, y compris les intérêts de ceux précédemment prêtés, joints au produit des rentes acquises et capitalisées, voici comment l'on doit opérer :

Les 1,200,000 fr. de la colonne C. sont les intérêts
des 30 millions de la colonne B.

Les 100,000 fr. de la colonne E. sont les rentes acquises
au moyen des intérêts 1,200,000 fr. de la colonne C.

Les 2 millions de la colonne F. sont le capital
desdits 100,000 fr. de rentes colonne E.

SECOND EXEMPLE.

Les 2,400,000 fr. de la colonne C. sont les intérêts
des 60 millions de la colonne B.

Les 208,333 fr. de la colonne E. sont les rentes acquises
au moyen { 1°. des intérêts 2,400,000 fr. colonne C. / 2°. des rentes 100,000 fr. colonne E. } lesquelles sommes forment
ensemble les 2,500,000 fr. colonne D.

Les 4,166,666 fr. colonne F. sont le capital
desdits 208,333 fr. de rentes colonne E.

(NOTA. Il faut continuer de même jusqu'à la trentième année révolue.)

www.ingramcontent.com/pod-product-compliance
Ingram Content Group UK Ltd.
Pitfield, Milton Keynes, MK11 3LW, UK
UKHW032030260826
14628UKWH00006B/2865

9 782011 7606